AF220821

hurtig, hurtig

Die schönste Seereise der Welt

Ulf Bogy

echtwerk.de, 2018

Inhalt

Seite

Für die, die daheim geblieben sind und für die, die dabei waren.

Und damit keine Missverständnisse aufkommen: Es war eine sehr schöne Reise!

Eine Kreuzfahrt, die ist Luxus

„Das Notwendige braucht man zum Überleben, das Überflüssige aber, um leben zu können."[1]

Die Anzahl von Kreuzfahrtpassagieren in Europa ist in den letzten zehn Jahren stark gestiegen, auf inzwischen fast sechs Millionen Reisende jährlich. Was rein rechnerisch stark versimplifiziert bedeutet, dass mehr als ein Prozent der Einwohner Europas jährlich eine Kreuzfahrt buchen. Und zur Freude unserer neoklassizistischen Wachstumstheoretiker und damit für zahleiche Werktätige der Meyer-Werft bei Papenburg in Ostfriesland sollen es noch viel mehr werden, glaubt man den Prognosen der Marktforschungsgurus. Ich wusste ja bereits, dass schon der profane Massentourismus mit dem Auto, mit der Bahn und vor allem mit dem Flugzeug an die vermüllten Freibadstrände des Mittelmeeres und all die preiswert aufgeschlossenen Regionen Asiens als industrielle Form der Volksbespassung vor allem für verdiente Rentner, früh pensionierte Staatsdiener, saturierte Erben aber auch für durch Vollbeschäftigung und Gewerkschaftsarbeit bestens situierte Facharbeiter wie Frau Gabriele Mustermann generell ein Umweltproblem darstellen könnte. Das massenhafte Auftreten von Kreuzfahrtschifftouristen-Besatzungen hingegen potenziert

---

[1] Dr. Carl Peter Fröhling (*1933), deutscher Germanist, Philosoph und Aphoristiker

diese beklagenswerte Belastung unseres Planeten jedoch noch weiter. Sollte ich also eine solche Reise überhaupt unternehmen? Ist dies schließlich mit meinem sonst so sensiblen Umweltantennen vereinbar? Wäre nicht die Fahrradtour entlang der Elbe die Umwelt und das Gewissen schonendere Art des Reisens, um die Welt, wenn auch die kleinere, unmittelbar vor der Haustüre liegende, kennen zu lernen. Ich redete mich heraus: Deutschland, seine Flussläufe, Mittelgebirge, die sehenswerten Kulturstätten und Städte kennst Du zur Genüge. Außerdem wird es nach der Verkettung der global verkehrsfördernden Einführung der Navigationstechnik für alle die, die früher des Karten- und Straßenschilderlesens ohnmächtig waren in der deutschen Durchschnittsbevölkerung mit dem Ausbau der deutschen Infrastruktur zu museal blühenden Landschaften im schönen Mutter-, Vater-, Heimatland sogar in entlegenen Gebieten viel zu voll für eine Individualreise. Es muss also mal etwas anderes sein. Nach sechzig Lebensjahren, als alter Sack darfst Du Dich dann doch einmal für deine Lebensleistung belohnen und dann zugleich den schlanken internationalen Horizont erweitern. Außerdem fährt ein norwegisches Postschiff der Marke Hurtigruten ja nicht nur Touristen durch die zerklüftete Küstenlandschaft des skandinavischen Landes sondern verbringt eben Briefe, Postkarten, Päckchen, Pakete und zahlreiche sperrige Güter zu dem versprengt an ihren Fjorden hausenden, uns noch ziemlich unbekannten, Norwegervolk. Es fährt also nicht nur sonnenhungrige Touristen durch das Mittelmeer, zu den

Kanaren, in die Karibik oder zu den Stränden und Metropolen im asiatischen Pazifik und spuckt nicht wie die dort kreuzenden schwimmenden Hotels bei jedem Anlegen mehrere tausend schaulustige und vergnügungsverwöhnte Freizeitjunkies in vom Tourismus geplagte Städte wie Barcelona, Mallorca, Marseille, Nizza, Valencia oder Venedig. Bora Bora, Hongkong, Singapur oder sonst wo aus. Außerdem reizte mich natürlich die sentimentale Aussicht, endlich einmal meinen Jugendtraum - am nördlichsten Ende des europäischen Kontinents zu stehen - zu erfüllen. Und eine fast dreitausend Kilometer lange Reise mit dem Auto hinauf an das Nordkap über enge Straßen und in dunklen Nächten trauten ich mir mehr als sechzig Lenzen auf dem Buckel, im Hirn und in den Knien nicht mehr zu. Selbst in Begleitung meiner unerschrockenen Freundin erschien „uns" das doch zu mühselig.

Der Weg bleibt dennoch unser Ziel. Unter diesem Motto habe ich mich zusammen mit meiner Liebsten also auf diese Seereise eingelassen. Es ging uns um das Erlebnis Schiff, endlich einmal an Bord zu sein auf großer Fahrt. Darum, den Wind und die Wellen zu spüren, an Bord die Besonderheiten und Annehmlichkeiten einer großen Schiffsreise zu genießen und zugleich die wunderbare Küste Norwegens und seiner Städte zu erleben. Eben die schönste Seereise der Welt - diese Zeilen prangten tatsächlich auf dem Aufbau unseres Schiffs auf Deck 9 - zu machen.

Getrieben von Reiselust und Fernweh sollten wir gespannt wie die ersten Kreuzfahrer vor einhundert Jahren das Deck eines doch recht großen Dampfers am 1. Mai des ereignisreichen Jahres 2018 besteigen. Unser Schiff, die MS Trollfjord, stellte sich dann aber doch nicht als romantischer alter Postfrachter, sondern eher als durchaus auf Tourismus getrimmter Kreuzfahrtdampfer mit der Zusatzleistung Post und Frachten zuzustellen bei uns vor. Anders als damals zu Beginn aller Seereisen und als auf einem Postfrachter vorhersehbar erwartete uns eine Menge Komfort. Zu Gründerzeiten war das Reisen mit dem Schiff noch alles andere als ein Vergnügen. In der fünften Klasse, tief im Inneren des Schiffsbauchs, den zum Beispiel auch die vielen Emigranten auf dem Weg nach Amerika nur selten verließen, verharrten bis zu 15 Menschen in getrennten Frauen- und Männerkabinen. In langen Schlangen an Deck, bei Wind und Wetter, mussten sie für ihr Essen anstehen. Schon einmal vorab: Unsere Kabinen waren für zwei ausreichend geräumig mit eigenen Sanitärabteil incl. Fußbodenheizung. Wir standen auch zum Essen an. Mussten aber nie Angst haben zu kurz zu kommen. Dazu mehr, wenn es später um die Schlacht am Buffet geht.

Schneller Start mit Unwucht

„Vertrauen ist gut. Kontrolle ist besser"

Meiner besseren Hälfte ging es ebenso wie mir. Wir wollten endlich einfach nur mal weg. Weg von zu Haus, weg aus dem Trott, weg aus der Enge, weg von Erinnerungen. Also entschieden wir uns für diese nur noch aus der romantischen, fernen Reminiszenz beziehungsweise unserer naiven Vorstellung archaisch anmutende Postschifffahrt, die Reise, die schon auf dem Zettel stand als wir uns kennen lernten. Damals, vor 12 Jahren. Wir sahen eine Anzeige unseres heimischen lokalen, unabhängigen und überparteilichen Käseblattes, dessen Geschäftsmodell den disruptiven Erscheinungen des Internets ebenso zum Opfer fällt und langsam stirbt wie schon so viele andere Verlage und Zeitungen zuvor und dessen Auflage konsequenterweise in den vergangenen zwanzig Jahren um knapp 28% gefallen ist. Wir entschlossen uns trotz oder vielleicht wegen dieses vorzeitlich anmutenden Anbieters ganz schnell. Ganz emotional. Romantische Gefühle? Ganz sicher! Vollkommen gegen meine übliche Praxis alle Pro´s und Con´s gründlich abzuwägen und weitere Offerten zu prüfen. Ohne weitere Reiseführer zu wälzen oder eine irgendwie geartete Beratung in Anspruch zu nehmen. Ohne groß nachzudenken und ohne irgendwelche Vorahnungen oder Ressentiments. Ganz ohne eine Schere im Kopf. Denn irgendwie sollte es einfach die wunderbare Reise und auch ein kleines Abenteuer werden. Wir sind nun schon ü60. Deshalb hatten wir auch gar nicht so viele Fragen, als nach unserer Voranmeldung der Informationsabend zur Reise anstand. Wir bekamen ein Glas sauren Sekt und ein paar spärliche Informationen zu dem was wir schon wussten aus unserer eigenen kleinen Recherche im Netz und gingen zufrieden nach Hause. Weil wir uns einfach und endlich freuten auf eine bevorstehende schöne Reise, auf die wir nach der Pflegeperiode für unseren alten Hund jahrelang gerne gewartet hatten.

Wir hätten aber vielleicht doch ein paar Fragen stellen sollen: Neben einigen anderen zum Beispiel auch die danach, welches Busunternehmen uns zum 350 Kilometer entfernten Flughafen kutschieren soll. Vertrauen ist gut ...

Irgendwie kam es mir schon von Anfang an seltsam vor, dass die An- und Abreise zum Traumschiff - davon später mehr - dermaßen lange dauern sollte. Zwar liegt unsere Heimatstadt, die sich nun gerne seit der mehrjährigen Restaurierung und Wiedereröffnung der barocken Oper im Jahr 2018, nun mit einem Weltkulturerbestatus versehen, als heimliche Hauptstadt des Rokoko nun endlich dort, wo ihre königliche Hoheit, Markgräfin Wilhelmine, die Schwester des „Großen Fritz", F. II., sie eigentlich hinhaben wollte, aber leider weder an einem international angebundenen Flughafen noch an einem schicken und schnellen ICE gebundenen Hauptbahnhof, so dass in der Regel des deutschen liebstes Kind, ein Kraftfahrzeug, welcher Art auch immer, dazu dienlich sein muss die Zivilisation bzw. den Anschluss an die globale Welt da draußen zu finden. Entsprechend war für unseren Reiseveranstalter die Inanspruchnahme eines Busunternehmens für die übersichtliche Gruppe von insgesamt dreizehn Personen wohl unabdingbar. Es muss ein Schnäppchen gewesen sein.

Unser Flug aus dem malerischen Berlin in die norwegische Hauptstadt sollte um 9.50h starten. Nach allen Regeln der aktuellen Reiseplanung ist eine Ankunft am Check-in für internationale Flüge ca. eine gute Stunde vorher ausreichend. Zudem sollten für pro einhundert Kilometer Anfahrt zum Flughafen locker zwanzig Minuten Staurisiko eingeplant werden. Das hätte bei einer Anfahrtstrecke zum Flughafen der Wahl etwa eine Fahrzeit von max. fünf Stunden bedeutet. Alles in allem wäre also eine Startzeit vom alten Schwimmbad der Festspiel-, Universitäts- und Barockstadt Bayreuth nach Berlin Schönefeld um ca. 3.30h als durchaus ausreichend einzustufen gewesen. Dann wären wir um 2.30h aufgestanden, also zwar ziemlich früh aber schon weit im neuen Tag, noch einigermaßen in Übereinstimmung mit dem Weckruf unseres Haushahns. Das Reisebüro hatte aber anscheinend schlechte Erfahrungen mit dem bestellten Busunternehmer und bestellte uns von vornherein schon um 2.30h auf den vorgesehenen Sammelplatz vor dem immer eiskalten Eishockeystadion. Zwei Tage vor der Reise erfolgte dann der Aufruf, sich doch bitte bereits um 1.30h einzufinden, da eine neue Baustelle auf einer der zu befahrenen Autobahnen eventuell zu Verzögerungen führen könnte, die bereits den Antritt der eigentlichen Reise von vorherin vereiteln könnte. Ich fragte mich sofort, wer in der Nacht zum 1. Mai, nachdem man eigentlich nach dem Maitanz gerade total ermattet im Bett liegt, quasi nach Mitternacht schon wieder zum Flughafen nach Berlin Schönefeld fahren wird. Das Szenario eines Staus konnte also nur einem Busfahrer in den Sinn kommen, der, ähnlich wie die Piloten eines Kampfflugzeuges oder eines Panzerkommandanten bundesdeutscher Streitkräfte über lediglich bedingt einsatzfähiges Material verfügen. Diese Überlegung passte zwar nicht mit dem ausgelobten Premium-Anspruch der sogenannten Leserreise zusammen aber ich erinnerte mich an unliebsame Überraschungen auf meinen zahlreichen Autobahntouren quer durch mein strukturstarkes Heimatland und gab mich ahnungslos.

Auf die verbindliche Anweisung des Busfahrers Nummer zwei legten wir die Sicherheitsbeckengurte an und machten es uns in den mit polymeren Stoffen zusammen gehaltenen, und einigermaßen Halt gebenden Sitz-Halbschalen bequem. Und tatsächlich erreichten wir den Flughafen Berlin-Schönefeld dann ohne irgendwelche verkehrstechnisch begründeten Vorkommnisse nach gemütlicher Schleichfahrt bereits vor 7.30h. Während der Fahrt, in dauerhaft gesicherter Beckengurtgefangenenlage fiel uns auf, dass der Bus mit einer Kapazität für 56 Personen, der an diesem Tag nur dreizehn Personen transportierte dem Premiumanspruch der Reise auf Grund des uns umgebenden Raums durchaus gerecht wurde. Andererseits war es um die Beinfreiheit, die auch Peer Steinbrück für seinen Bundestagswahlkampf anno dazumal gefordert hatte, nicht besonders gut bestellt. Was nützen mir 56 Sitzplätze, wenn zwischen mir und dem Vordersitz nur ein Schuhkarton Platz findet? Ich habe auch sofort verstanden was Peer Steinbrück in seinem neuen Buch „Das Ende der Sozialdemokratie", welches ich während der Busfahrt las, damit wohl gemeint haben könnte. Und ich habe verstanden, nachdem ich vier Stunden versucht hatte auf der grauenhaften Unwucht des linken hinteren Zwillingsreifens noch ein wenig zu schlafen, was es für eine Panzerbesatzung bedeutet des Nachts den Schlaf zu suchen, wenn das Gefährt über Stock und Stein rumpelt. Oder für den Bewohner einer Sozialwohnung, wenn die Heizung ausfällt. Oder wie hart es für die Schüler sein muss, die diesen Bus wahrscheinlich regelmäßig zur Verfügung gestellt bekommen, eben dort noch schnell ein paar Hausaufgaben zu erledigen.

Ziemlich erfreulich war allerdings die Tatsache, dass wir von unerfreulicher Volks- oder Heimatmusik oder gar ziemlich langweiligen Entspannungsakkorden irgendwelcher unbekannter Yoga-Gitarristen, die sonst auf solchen Reisen gute Laune aus der in Bussen serienmäßig verbauten HiFi-Anlage verströmt wird, verschont blieben und stattdessen über die gesamte Dauer der Fahrt das nachbarschaftliche, in oberfränkischen Akzent vorgetragene Life-Geplauder des Busfahrers Nummer eins mit dem ihm aus Sicherheitsgründen beigestellten Busfahrer Nummer zwei lauschen konnten. Es ging um alles Mögliche: Natürlich um Fußball. Weltmeisterschaft und Spielvereinigung. Um die Vereinsmeier Spielchen im Eishockey-Tiger-Club. Es ging um den Dieselskandal und die unerhörten Machenschaften der Automobildirektoren. Es ging um den Schrebergartennachbarn, der unverschämter Weise die Frist für den vorgeschriebenen Heckenschnitt überschritten hatte. Um die Weckla, für Preußen, Fischköpfe und andere die nicht oder noch nicht lange genug in Franken leben unter den Lesern hier, sind das Brötchen, waren nicht frisch genug am Vortag. Das Enkelkind hatte eine große Überraschung für den Opa parat. Wir erfuhren wo der Reifenwechsel im Stadtgebiet am günstigsten ist und was die Nachbarin Müller über die Nachbarin Meier alles so weiss. Die Bratwurst ist schon wieder teurer geworden. Und der Diesel auch. Das Bier! Gott sei Dank habe ich das alles noch rechtzeitig erfahren, denn mir standen schließlich neun Tage Nachrichtensperre in einem Entwicklungsland am nördlichen Rand der europäischen Zivilisation bevor.

Ok. Ziemlich zu früh kamen wir also an am schönsten deutschen Flughafen der ehemaligen DDR und genossen in stillen Zügen Kaffee aus dem Automaten. Die Wilde 13 lernte sich ein wenig kennen. Wir fragten uns gleich alle, warum die Berliner solange brauchten um dieses Untote Flughafen-Monster BER an den Start zu bringen. Am Ende waren wir einig: Melancholie. Geschichts-bewusstsein. Unfähigkeit. Berlin.

Wunderten wir uns noch darüber, dass wir irgendwann dann doch abhoben, nachdem wir ganz lecker gefrühstückt hatten.

Von einer Hauptstadt zur anderen

„Auf dem Land passiert nichts. In einer Stadt alles".[2]

Nachdem wir eine rot lackierte, gut erhaltene Airplane des seit Jahrzehnten erprobten Typs Boeing 737 der – wie ich erst seit der Niederschrift dieser Zeilen erfahren habe - notleidenden Fluggesellschaft Norwegian bestiegen hatten und ohne große Komplikationen den Flughafen der derzeitigen norwegischen Hauptstadt im Zeitplan erreichten, stellte sich die Frage nach dem zweiten Frühstück. Wir lernten auf Empfehlung unseres Stadtführers Ole die unterschiedlichen Angebote für norwegisches take-away-breakfast gleich in der Ausgangszone des Osloer Airports kennen. Eigentlich nichts anderes als sonst wo. Baguettes, Burger, Brötchen, Wraps ... Könnte auch am Kölner Hauptbahnhof gewesen sein. Nur die Sprache anders. Very international. Englisch. But friendly. Währung? Kronen. Keine Euros.

Wir bestiegen den nächsten Reisebus für 56 sitzende Fahrgäste, niemand nahm vorsichtshalber auf der Hinterachse Platz, schnallten uns auf Geheiß des einzigen Busfahrers auf diesem Gefährt, er machte einen sehr kompetenten Busfahrer-Eindruck, vorschriftsmäßig an, um

---

[2] Lebensweisheit

dann im Japaner-Touristen-Takt einige Sehenswürdigkeiten der Kapitale Norwegens zu erkunden: Zunächst besuchten wir das Vikingskipshuset. Ein wichtiges staatstragendes Museum, welches sich den archäologisch bedeutsamen Wikingerschiffsfunden aus Tune, Gokstadt, Oseberg und dem Borre-Friedhof in Horten und damit der Norwegischen Nationalgeschichte widmet. Danach ging es in das Fram-Polarschiffmuseum. Die Fram, ein Schiff ganz aus Holz, wurde bei den drei berühmten Polarexpeditionen von Fridtjof Nansen (1893-1896), Otto Sverdrup (1898-1902) und Roald Amundsen (1910-1912) eingesetzt. Die Fram lief 1892 vom Stapel und ist im Original mit gut erhaltener Einrichtung und zahlreichen zeitgenössischen Gebrauchsgegenständen unter einem riesigen, provisorischen Zeltdach ausgestellt. Schnell drehten wir dann noch eine City-Runde um die wichtigsten Gebäude der Stadt aus sicherer Distanz und bestaunten auch eine kleine Demonstration, dessen Botschaft sich uns allerdings in Unkenntnis der politischen Lage des Landes bzw. der Hauptstadt nicht erschloss.

Anschließend Einchecken Hotel. Danach privater Stadtrundgang. Imposant: Schloss, Regierungsgebäude. Vor allem die neue Oper. Die neue Oper gilt als größtes norwegisches Kulturprojekt der Nachkriegszeit. Das große Gebäude mit seinen gigantischen Glasflächen steht auf einem Vorplatz beträchtlichen Ausmaßes, der anmutet wie ein der Stadt vorgelagerter großer Gletscher, inclusive einer Vielzahl von in den Boden eingelassenen Stolperfallen die als

Gletscherspalten interpretiert werden könnten. Darauf das architektonische Wunderwerk und formal einem treibenden Eisberg nachempfundene Haus. Alles erstrahlt in aus hunderten Tonnen Carrara Marmor erbautem unschuldigem Weiss. Das Opernhaus ist 110 Meter breit, 207 Meter lang und verfügt auf einer Fläche von 38.500 Quadratmetern über mehr als 1.100 Innenräume. Der erste Spatenstich erfolgte am Anfang des Jahres 2003, die Fertigstellung war dann schon 2008. Kosten ca. 548 Millionen Euro. Damit war das imposante Bauwerk dann auf den einzelnen Einwohner gerechnet fast doppelt so teuer wie unsere Hamburger Elfi. Wer kann, der kann! Auf dem weiteren Weg durch die bereits um diese Jahreszeit auffällig von asiatischen Touristen geflutete Stadt muss man aufpassen, nicht von Elektro-Mobilen der Marken Tesla oder BMW lautlos überrollt zu werden. Diese dürfen im Gegensatz zu herkömmlich mit fossilen Kraftstoffen betriebenen Fahrzeugen frei von Gebühren die Stadt befahren und dort auch kostenlos parken. Vergleiche wieder Hamburg. Oder München. Oder gar Berlin. Metropolen unter sich.

Apropos: Die Einwohner Oslos, immerhin etwa sechshundertsiebzig tausend Menschen, repräsentieren ca. 12,8% der norwegischen Gesamtbevölkerung. Im Vergleich dazu nimmt sich der Anteil der Berliner aus dem Ost- und dem Westteil der reinkarnierten Hauptstadt der Bevölkerung der europäischen Bundesrepublik mit 4,4% an der Gesamtbevölkerung doch ziemlich bescheiden aus. Aber dafür ist Berlin arm aber sexy, hat den Christopher Street Day, Erich Honeckers Flughafen Schönefeld, keine schicke Oper. Die Norwegischen Hauptstädter das alles und statt einer Angela Merkel und einer Claudia Roth auch noch eine richtige Königin. Und eine schöne Kronprinzessin.

Es regnet immer stärker. Trolle aus Hartplastik am Straßenrand. Ein Hard-Rock-Café. Kurzer aber kräftiger Snack. Teures Bier. Schlafen.

Am darauf folgenden Morgen gelangen wir zu Fuß auf den schön gepflasterten Bürgersteigen mit unseren donnernden vierrädrigen, mühelos schiebbaren Vielflieger-Koffern zum modernen Bahnhof, um mit den Bergenbanen nach Bergen zu gelangen. Nachdem wir halb Oslo mit unserem Touristen-Koffer-Geschepper geweckt haben, besetzen wir die für uns reservierten 1. Klasse-Plätze und werden sechs Stunden von einer norwegischen Metropole zur nächsten chauffiert. Landschaft ohne Ende. Birken. Felsen. Seen. Rote Häuser. Bergauf. Schnee im Mai. Seen. Stille. Schnee. Und noch mal viel Schnee. Ein paar Menschen, die auf der höchsten Höhe dieser Fahrt in Finse 1222 aus dem Zug aussteigen und sich die Ski zum Langlaufen unterschnallen.

Hatte ich schon erwähnt, dass auf der aufregend schönen Strecke über insgesamt fünfhundertsechszehn Kilometer dreihundert Brücken zu überqueren waren? Und vor allem einhundertzweiundachtzig Tunnel mit einer Gesamtlänge von dreiundsiebzig Kilometern zu durchfahren? Vierzehn

Prozent der Strecke also ohne Tageslicht. Und immer wenn ein schönes Fotomotiv zum Greifen nah war, war es auch schon wieder finster. Wieder weiter bergab, vorbei an den ersten lang in das Land gestreckten Fjorden erreichen wir Bergen.

Diese schöne Stadt war im 12. Jahrhundert Krönungsstadt Norwegens. Damals also Hauptstadt. Später abgelöst von Trondheim. Trondheim wird später ebenfalls eine Station unserer kleinen Erkundungsreise sein und wir werden dort die gotische Krönungskirche der Norwegerkönige bestaunen können. Mit einer Figur auf dem First, deren Kopf dem Antlitz von Bob Dylan gleichen soll. Leider versagt mein 300er Zoom bei dem ungünstigen Licht. Und unter der weiteren Anleitung eines deutschen Politik-Studenten aus gutem Hause im Master-Studium erfahren wir, dass die Norweger als Volk doch ziemlich nationalistisch und egozentrisch eingestellt seien und der Reichtum des Landes nur aus Ölvorräten bestehe und mit niemandem teilbar sei. Ich musste wieder an die Wikinger denken. Und an unsere arabischen Freunde. Und an unseren eingestellten Bergbau, an unsere deutsche Elite. Nach Trondheim werden wir dann noch Tromsø, kurzzeitig Hauptstadt Norwegens während des zweiten Weltkrieges, heute die größte Stadt und gleichzeitig Hauptstadt Nordnorwegens kennen lernen. Anschließend auch noch Bodø, die Hauptstadt Nordlands, gleichzeitig Norwegens attraktivste Stadt und nicht zuletzt die Stadt mit dem nördlichsten Bahnhof sowie am Ende der

Reise Kirkenes, die Stadt mit dem nördlichsten Flughafen, der nördlichsten Eisenerzgrube und dem nördlichsten Einkaufszentrum Europas. Allesamt Hauptstädte. Allesamt selbstbewusst. Angesichts des norwegischen Anteils an der Weltbevölkerung von circa einem halben Promille sehr selbstbewusst.

In allen Städten sehen und erleben wir wahrnehmbaren Wohlstand, unerhörten Fortschritt, werden aber auch an die Gräueltaten der deutschen Besatzung - bis zu 400.000 Soldaten, mehr als doppelt so viele, wie heute in der Bundeswehr Dienst tun - in Zeiten des letzten Krieges erinnert. Und an die Heldentaten norwegischer Könige und Widerstandskämpfer.

Deck 6

„Eine (Entdeckungs-)reise besteht nicht darin, nach neuen Landschaften zu suchen, sondern neue Augen zu bekommen. [3]

Wir haben also dann nach einer längeren Zugfahrt von Oslo nach Bergen über die Norwegische Tundra, mit Schneehöhen über einem Meter mitten im Wonnemonat Mai, zu dem wir geistreichen Mitteleuropäer eigentlich zart sprießendes Grün erwarten, endlich Bergen, den Start-Hafen unserer Expedition erreicht. Bei der nächsten Stadtbesichtigung mit unserer acht Sprachen sprechenden, aus Ungarn stammenden Stadtführerin durch Stadt und Altstadt Bergens, die sich hier Bryggen nennt, schnell vorbei an dem Fischmarkt, wo mich Fischers frischeste Fische wie Hering, Kabeljau, Lachs, Schollen, riesengroßer Steinbutt, heimischer und zugewanderter Hummer aus Kanada sowie die Füße der Königskrabbe zum genussvollen Verzehr auffordern, ich es aber nicht genießen darf, was der Reisegesellschaft Geld und Zeit spart, lernen wir immerhin kennen, dass diese Stadt sogar noch geschichtsbewusst einige Erinnerungen an das deutsche Kaiserreich bereithält. Endlich geht es auf das Schiff.

Vor uns liegt die Strecke von Bergen nach Kirkenes. Nach Seemannsmaß beträgt die Entfernung 1.335 nautische

---

[3] Marcel Proust

Meilen, das entspricht etwa 2.473 Kilometern (1NM = 1,852 Kilometer).

Jedes Schiff dieser Welt bietet unabhängig von seiner Größe normalerweise zahlreiche Ebenen - Decks - auf. Unser fjordfähiger, wendiger Liner, der immerhin mehr als 800 Passagiere, 170 Crewmitglieder und zusätzlich eine stattliche Anzahl an Fahrzeugen und jede Menge Stückgut sowie sehr viele Postsäcke in seinen großen Bauch aufnehmen kann, verfügt numerisch über neun so genannter Decks. Auf den Ebenen eins und zwei tummelt sich die Schiffstechnik. Unter anderem natürlich die Maschinenräume mit dem 9-zylindrigem Dieselmotor mit über 6.000 Pferdestärken. Auf der drei befindet sich auch der Stauraum für die Frachten. Hier öffnen sich während des Anlegens die riesigen Stahlmäuler unter lautem Ächzen und metallenen Dröhnen und Klappern, um Passagiere und Frachten aufzunehmen. Auf der vier, ein wenig oberhalb der Wasserlinie befindet sich eine Rezeption, die ähnlich funktioniert wie in einem Hotel; allerdings nicht mit der Pracht und der Noblesse eines Hiltons, eines Bayerischen Hofes oder gar eines edlen Adlon mithalten kann. Mannschaftsräume sind hier auf dieser Etage zu finden. Dahinter liegen aber bereits sauber aneinandergereiht die ersten vierzig innen und außen liegenden Kabinen für Passagiere, die zu spät gebucht haben. Das sind die nichts ahnenden Touristen, die keinen Frühbucherrabatt in Anspruch genommen haben sondern den regulären Preis zahlen. Wir anerkannten Pechvögel aus der nordbayerischen Provinz haben also eine dieser über der Wasserlinie liegenden Kabinen bezogen. Dazu später noch mehr. Mit dem Aufzug oder über eines der vorhandenen, mit hübschen, typischen Landschaftsbildern, in avantgardistischen schwarz-weiß fotografiert, versehenen Treppenhäuser gelangt man in die weiter oben liegenden Decks. Unter anderem auf das Deck fünf. Hier werden von den überwiegend immer wieder hungrigen Passagieren, so sie nicht an der überaus unangenehmen Seekrankheit leiden, die jederzeit üppigen Mahlzeiten eingenommen. Entweder im Pauschalreisenden-Restaurant oder für die, die sich die Freiheiten leisten können, im ´a la carte` - Restaurant. Außerdem gibt es hier auf diesem Deck nahezu den ganzen Tag über kostenloses Frischwasser und manchmal auch Kaffee und Tee. Das hängt davon ab, wie es der Besatzung gerade geht oder ob sie nicht für andere Tätigkeiten als für Maintainance der Wasser- und Kaffeevorräte gebraucht wird. Auch die abendlichen Konzerte und das Barleben sowie die lehrreichen Veranstaltungen zu Land und Leuten, vorgetragen durch das sogenannte Expeditionsteam, finden auf diesem Deck statt. Zudem ist es sogar möglich auf dieser begrenzten Fläche zu shoppen. Im Trollfjord-Shop sind nicht nur Postkarten, getrocknete Rentierfleischstreifen, die unsere Kinder nach unserer Rückkehr als Hundefutter bezeichnen werden, sondern vor allem eine Vielzahl ethnischer Bekleidungsteile und zahlreiche nutzlose Souvenirs wie zum Beispiel Blaubeerseife zu erstehen.

Nachdem wir diese Etage ausreichend erkundet hatten und auch weiterhin noch täglich mehrmals sehen werden, geht es eine Etage weiter nach oben. Deck 6 ist zum einen den besser situierten Passagieren und ihren ruhig, fernab von Ladeklappen und Schiffsdieseln liegenden Kabinen vorbehalten. Zum anderen bietet es aber vor allem eine rundumlaufende, durchgängig überdachte Reling, die zum Atmen, Flanieren und zum Schauen einlädt. Man genießt über den Bug, über das Heck aber auch über die Steuerbord- und Backbordseite immer wieder wunderbare Ausblicke. Ich hatte mir angewöhnt, täglich am Morgen und nochmals gerne am Nachmittag, so das jeweilige Tagesprogramm dies zuließ, fünf bis sieben Runden über diesen Rundlauf zu gehen. Je nach Seegang geschah dies mehr oder weniger breitbeinig. Eine dieser Runden maß etwa 320m, so dass man die von Gesundheitsaposteln empfohlene Gesamtdosis von täglich fünftausend Schritten mit dieser Taktik fast problemlos erreichen konnte. Dies war ein Effekt dieses täglichen Frischluftprogramms auf See. Ein weiterer Effekt aber waren drei wesentliche Beobachtungen. Die erste war, dass sich bei jeder Umrundung immer wieder neue Perspektiven für den ambitionierten Fotografen eröffneten und mich so die faszinierende Landschaft, die an uns allen vorbeischwamm niemals losließ. Die zweite Erkenntnis: Mit jeder Runde nahm die Entspannung auf dem Dampfer deutlich und spürbar zu, so dass die Konzentration auf das Hier und Jetzt zunahm und das Interesse am sonst täglichen, zuweilen sinnlosen Einerlei des Berufs, der Lebensumstände daheim oder der vollkommen wahnsinnigen politischen Gemengelage in dieser Zeit schlagartig nachließ und ich manches Mal sogar vergaß, bei welchem Eingang - Steuerbord oder Backbord - ich das Deck betreten hatte. Einmal musste ich sogar länger in meinem Kopf danach kramen, welcher Wochentag gerade war. Die dritte Erkenntnis war, dass es neben mir nur vier weitere Personen gab, die in gleicher Intensität die Ausflüge auf diesem Parcours genossen. Ich traf regelmäßig auf den kettenrauchenden Skandinavier, der immer, wenn ich die Heck- oder die Bugterrasse kreuzte, einen neuen Glimmstängel in seinem Gesicht entzündete. Dies gelang ihm problemlos, weil er jeweils beständig die Leeseite für sein Rauchvergnügen aufsuchte und weil er auch wohl kein Feuerzeug oder entsprechende Feuerstäbchen benötigte. Denn er entzündete, wie man leicht nachvollziehen kann, eine Kippe an der nächsten. Als sich mir der Begriff des Kettenrauchers endlich neu erschloss, begannen wir, uns bei jeder Begegnung zu grüßen.

Der wahrscheinlich gerade pensionierte Mann mit dem roten Anorak aus den 90er Jahren, einer ebenso aus der Mode gekommenen Zipfelmütze mit Bommel und einer noch analogen Canon-Fotomaschine mit dem dreihunderter Objektiv kam mir regelmäßig entgegen. Er belief das Deck im Gegensatz zu mir entgegen dem Uhrzeigersinn. Er machte einmal Anstalten mit mir zu sprechen. Da ich wusste, dass er auch bereits andere Mitreisende auf seinen Spaziergängen mit ausufernden Schilderungen aus seinem zurückliegenden Berufsleben beglückt hatte, vermied ich es ihm die gleiche Gelegenheit zu geben. Denn ich wollte doch im Hier und Jetzt verweilen. So fotografierte er am Heck, wenn ich am Bug war und umgekehrt.

Der Mann mit der Prinz-Heinrich Mütze und der Pfeife war wohl schon kurz vor seinem Achtzigsten. Der Tabak roch zwar stark, aber wenig aromatisch. Seine Hände sahen nach Arbeit aus und die Zähne hätten zu einer professionellen Zahnreinigung sicher nicht Nein gesagt. Eines Morgens standen wir nebeneinander am Bug und schauten auf die Fähren, die gerade vor uns eine große Bucht kreuzten. Er erzählte mir, dass er vor vierzig Jahren schon einmal hier gefahren sei. Als Student auf einem Eisenerzfrachter von Bergen nach Hammerfest. Eine Deutsche Mark hätte ihn das damals nur gekostet. Er freute sich offensichtlich nun noch einmal in seinen Erinnerungen zu schwelgen.

Die Person, die ich jedoch am häufigsten, also immer, bei meinen Aufenthalten auf diesem, meinem „Heimatdeck" sah, war die wahrscheinlich allein reisende Dame, die ich später den Gartenzwerg nannte. Sie war wohl um die siebzig, trug immer korrekt geknöpft einen roten dreiviertel langen Trench und dazu die immer gleiche selbstgestrickte weiße Wollmütze. Gleich am ersten Tag auf diesem Heimatdeck sprach sie mich und meine treue Seele an und erzählte ausschweifend und mit glückstrahlenden Augen davon, wie oft sie diese Route schon gefahren sei. Und immer auf dem gleichen Schiff! Auf ihrer Trollfjord! Vielleicht war sie gar keine Gartenzwerg, sondern ein Troll? Das Maskottchen der Reise? Sie kannte jedes Detail des Schiffs, der Reise die uns noch bevorstand und wollte ihr Wissen unbedingt bis ins Kleinste teilen. Aber wir wollten gerne, so wie junge Leute das auch tun, unsere eigenen Erfahrungen machen und bevorzugten es, sie in den nächsten Tagen freundlich zu grüßen und weiter zu gehen. Das war aber keineswegs so unfreundlich wie sich das anfühlte, denn sie fand immer und immer wieder wechselnde Gesprächspartner, nachdem sie, zumeist auf der Steuerbordseite das Außendeck betretend, mit strammen Schritt die Bugterrasse anstrebte. Es sah aus, als ginge sie jedes Mal von ihrer Terrassentür zu Hause durch ihr Grundstück zum Gartentor um mit dem Briefträger oder den Nachbarn ein Schwätzchen zu halten.

Manchmal war es ganz leer an Deck 6. Besonders bei unruhiger See oder schlechtem Wetter. Das war die Gelegenheit mit den Trollen an den Ufern in den Dialog zu treten. Sie hatten seltsame Ideen. Ich sprang aber nicht. Das Wasser schien mir doch zu kalt zum Ertrinken. Ans Ufer zu gelangen ohne zu erfrieren wäre unmöglich.

Landschaften

Vor allem wir reiselustigen Deutschen sind es gewohnt die Autobahnen, die süchtig machenden Speedways unseres Zeitalters, zu benutzen. Woche für Woche. Tag für Tag. Stunde für Stunde. Mittelwerte unter 50 km/h gelten als Schneckentempo. Genau in solchem Schneckentempo bewegt sich nun unser Schiff. Entschleunigt, aber immer auf Kurs. Mit der Atem beraubenden Geschwindigkeit von max. 30 km/h stampft dieses Trollfjordschiff den 33 Häfen, die manches Mal nur kleine Anlegestellen in zuweilen sehr engen Buchten sind, durch die See um nach über zweitausendfünfhundert Kilometern und nach sechs Nächten und Tagen die Mission Bergen - Kirkenes zu beenden. Gut kein Vergleich mit dem Airbus A 380 auf dem Weg von Frankfurt nach Dubai. Trotzdem fliegt die Landschaft an uns allen schon am zweiten Tag nur so vorbei. Oslo. Berge. Schnee. Bergen. Brücken. Ålesund. Tunnel. Inseln. Trondheim. Gebirge. Schnee. Siedlungen. Weiden. Felsen. Lachsfarmen. Fischfabriken. Bauernhöfe. Ferienhäuser. Polarkreis. Tromsø. Schären. Gebirge. Lofoten. Stockfischgestelle. Bodø. Rentierweiden. Gletscher. Treibeis. Nordkap. Russland? Und über 30 Häfen und Stationen. In der

---

[4] Robert Walser

Retrospektive mutiert die Zeitlupengeschwindigkeit zum Zeitraffer. Wir finden Ruhe und Geborgenheit im Raum, in der Zeit, im wechselnden Licht. Bei Regen, bei Schneefall, bei Sonnenschein. Bei bedecktem Himmel. In der Weite des Polarmeeres. Bei Seegang, bei Wind und bei Flaute. Man lernt verstehen, was diese Seemänner suchen. Wir verlieren die Zeit, sind allein mit uns und der fast weißen, sauerstoffreichen Heckwelle, die das Schiff im blauen Meer hinterlässt. Und sehr zufrieden.

Schlacht am Buffet

„Essen und Trinken hält Leib und Seele zusammen"

In der Regel verliefen neben dem Schauen die absoluten Höhepunkte des Tages an Bord, nämlich die Mahlzeiten Breakfast, Brunch, Lunch und Dinner geregelt und gesittet ab. Vor allem am Abend war eine disziplinierte Organisation der Haupt-Verpflegung der zahlreichen Passagiere - ich weiß nicht ob es tatsächlich die möglichen achthundert waren - in zwei Zessionen im großen Speisesaal besonders notwendig. So schwoll pünktlich ab sechs Minuten vor achtzehn Uhr, dem Beginn der ersten Fütterung - die Schlange der hungrigen Mägen immer stärker an. Denn sehr pünktlich um sechs öffneten die Stewards dann endlich den Einlass zum Schmaus, nicht ohne jeden Gast nachdrücklich dazu zu bewegen, seine Hände zu desinfizieren. Mit Sprühdosen bewaffnet schossen die Kräfte der Schiffsgesundheitspolizei jedem Hungrigen zunächst eine walnussgroße Desinfektions-Schaumkugel wahlweise in die rechte oder linke Hand. Selbige war dann bis zum Erreichen des zugewiesenen Platzes in der Handfläche mehr oder weniger gleichmäßig verteilt und vereitelte auf diese Weise sicher eine Reihe von weiteren Fällen der Seekrankheit. Die Zutrittsberechtigung per Laserscan war inzwischen immer eine weitere Kontrollhürde, um an die Tröge zu gelangen. Wenn nicht gesetzt serviert wurde, verliefen die Rangeleien am Buffet normalerweise einigermaßen zivilisiert ab.

Abgesehen von extrem kurzsichtigen Menschen, die mehr oder minder erst mit der Nase vor den aufgetischten Köstlichkeiten Halt machten, bevor ein Shrimp, ein Rentierbraten oder eine Aubergine den Weg auf den Teller fand und zwei, drei Witzfiguren, die bei Außentemperaturen von 2-4 Grad Celsius in Badeschlappen und Shorts am Käsebuffet standen, gab es selten besondere Vorkommnisse am Buffet. Bis auf den Abend, an dem die sagenumwobene Königskrabbe, ein unerwünschter Eindringling aus russischen Gewässern, aufgetischt wurde. Da lagen sie nun: die nach dem Todesstoß brutal ausgerissenen Beine der majestätisch hässlichen Achtbeiner neben den Hunderten Garnelen und Shrimps mit ihren toten, schwarzen Augen. Neben den meterlangen schön pochierten Lachsen, geschmorten Rentierhaxen, den vielen Gemüsen, Terrinen, Kartoffeln und sonst was. Aber allein diese Königskrabben-Beine hatten dermaßen viel Sexappeal, dass sogar die ältesten unter den Alten das Buffet stürmten, als wäre gleichzeitig gerade der Krieg zu Ende und der Eintritt im Bordell frei. Missmutige Töne waren zu hören. Rempeleien, ja sogar unverschämte Bodychecks waren zu beobachten. Wir hielten uns im Hintergrund und warteten ab, bis die an halb verhungerte ehemalige Kriegsgefangene erinnernden Mitreisenden, die heute zwar häufig auf Gehhilfen dahin stapfende aber an sich gut genährte Rentner und Pensionäre sind, mit dem Rülpsen und Verdauen anfingen und gingen entspannt an die immer noch und immer wieder prall aufgefüllten Futtertröge. Wussten wir doch, dass die

Königskrabbe in solchen Schwärmen von Russland ins schöne und reiche Norwegen geflüchtet ist, dass die Norweger sie einfach fangen und an Touristen verfüttern müssen, weil eine Abschiebung ins Herkunftsland wegen fehlender Personalausweise nicht möglich war. Es wurde ein schöner Abend. Und ein langer, weil wir den vielen Krabbenbeinen in unserem Bauch ein schönes neues Zuhause, umflossen von vielen Litern weißem Wein bieten mussten. Mit einem ordentlichen Eiweißschock gingen wir an diesen Abend auf unsere Pritschen.

Noch ein Wort zu den, aus gesundheitspolitisch motivierten Gründen nachvollziehbaren, überteuerten alkoholischen Getränken Skandinaviens. Ich kann mir durchaus vorstellen in einem deutschen Sternelokal mit exzellent abgestimmten, gut verdaulichem Weinangebot nicht viel mehr für eine wirklich gute Flasche Wein zu bezahlen. Jedoch werde ich dann deutlich edlere Tropfen angeboten bekommen als die hier kredenzten Mittelpreislagen. Ein Genussvolk ist das Norwegervolk sicher nicht.

... zwei unterwegs ...

... Nationalschiff ...

... Finse 1222. Langer Winter. Langlauf im Mai ...

... Bergen. Hafen. Altstadt. Bryggen ...

... Schiff der Trolle. Der Touristen ...

... der Plan ...

... Lichtspiele heckwärts ...

... Ålesund ...

... Berge und Meer ...

... Trondheim ...

... Lichtspiele voraus ...

... am Ufer rote Häuser aus Holz ...

.... Natur. Seeadler. Lachsjäger ...

... Felsen, Himmel, Wasser ...

... Nationalgericht ...

... Fischerkutter. Landschaft ...

... Trachten in Bodø ...

... Nordmeer ...

... am Ende. Nordkap ...

... Rentiere bei Honnigsvåg ...

... Stockfisch. Tradition. Exportschlager ...

... und noch mal Landschaft ... Nordnorwegen

... Samifrau ... aus Überzeugung

... Mitternachtssonne. Bucht von Kirkenes ...

Ode an Eugen

Wenn man Verse schreibt, darf man nicht träumen, sondern muss Faustschläge austeilen[5]

Nach einigen guten Tagen auf See, wiederum auf Deck 6, ich weiss nicht, was der präzise Anlass war, erinnerte ich mich an Eugen Gomringer, der ganz in der Nähe meines Wohnortes im beschaulichen oberfränkischen Örtchen Rehau wohnt, wo ihn fast niemand kennt, wo er auch schafft. Und ich erinnere mich an sein ursprünglich namenloses Werk, sein Gedicht „Avenidas" aus dem Jahre 1953, welches zu den ersten Schöpfungen der konkreten Poesie gehörte, einer Schule der Dichtung, welche die Wörter nach der ideologischen Apokalypse des Zweiten Weltkriegs ganz von der Last des Bedeutens befreien wollte. Dieses harmlose Gedicht, das an einer Fassade der Berliner Alice-Salomon-Hochschule in großen Lettern auf die Welt herabblickt(e) bis es vor wenigen Wochen zum Lustobjekt feministisch verblendeter Studentinnen aus der Hauptstadt der Dekadenz wurde und nun als befreiendes Kunstwerk zur Disposition steht. Fasziniert von der Idee die MS Trollfjord könnte doch bald als ein poetisch-industrielles Gesamtkunstwerk ein befreiendes konkretes Gedicht auf Ihren Bordwänden durch die Meere tragen versuchte ich

---

[5] Gustave Flaubert

mich nun in der Übernahme dieser poetischen Kunstform und kam zu folgenden Zeilen:

Ein Schiff

Ein Schiff und schöne Aussichten

Schöne Aussichten,

Schöne Aussichten und leckere Mahlzeiten

Leckere Mahlzeiten,

Leckere Mahlzeiten und unruhiger Schlaf

Ein Schiff, schöne Aussichten, leckere Mahlzeiten, unruhiger Schlaf

Und Touristen aus Nordbayern

Deck 9

Wenn ich die Zivilisation hinter mir lasse, fühle ich mich sicher.[6]

Ja so wie Heinrich Harrer das Gipfelerlebnis beim Bergsteigen beschreibt könnte man sich fühlen, wenn man das Top-Deck eines Kreuzfahrtschiffs erklommen hat. Diese Aussicht. Dieses erhabene Gefühl! Auch wenn es in dem Fall, dieses als Deck 9 bezeichnete Schiffsdeck der MS Trollfjord, nicht notwendig machte Sicherungsseile, Kletterhaken oder sonstige Bergsteigerhilfsmittel zu benutzen. Denn man gelangte ganz unaufgeregt und ohne Anstrengung über verschiedene Treppen mit Handläufen aus Schiffstau, die zu ergreifen wären, sobald der Seegang etwas schwerer würde und man sich sichern müsste, oder, im Falle einer Gehbehinderung, mit dem gläsernen Aufzug aus allen Etagen bequem dorthin.

Um die Jahreszeit zu der wir reisten war das Deck ebenso wie die zahlreichen angelaufenen Häfen in der Regel nur schwach besucht. Das Wetter, die Kombination aus recht niedrigen einstelligen Celsius Graden und hoher Luftfeuchtigkeit hielt die Arthrose- und Rheumakranken, sowie die bronchial geschwächten und solche Passagiere mit

---

[6] Heinrich Harrer, Bergsteiger

niedrigem oder hohem Blutdruck, das waren vermutlich die Mehrheit bei dem gegeben Altersmedian jenseits der siebzig, eher im Innern des Schiffs. Gleichbedeutend damit war die Tatsache, dass ich auf der neun im Normalfall noch weniger Menschen traf als auf der sechs.

Das neuner Deck füllte sich lediglich bei Sonnenschein, beim Anlaufen besonderer Häfen, oder beim Vogelfelsen, an dem tatsächlich auch ein einzelner Vogel mit einem stark vergrößerndem Fernglas beobachtet werden konnte und zu innerlichen, kaum hörbaren Begeisterungstürmen der Naturfreunde unter uns führte oder zu Unterhaltungs- oder Verpflegungs-Events, die vom eigens engagierten Expeditionsteam immer dann veranstaltet wurden, wenn aufgrund mangelnder sonstiger Abwechslung die Seereise für die Mehrzahl der erlebnishungrigen Reisenden zu gleichförmig zu werden und die gute Stimmung umzukippen drohte. Bevor ich an dieser Stelle ein ganz besonders unterhaltsames Event, die durch das von der Hurtigruten-Marketingabteilung als Expeditionsteam titulierte Pauschal-Touristen-Begleitpersonal „performte" Theaterstück hervorheben möchte, hier zunächst noch, meinem Hobby als rabulistisch veranlagter Wortverdreher folgend, eine kleine Entführung in die Welt der international so verstandenen Bedeutung des Wortes Expedition. Ganz allgemein meint der Expeditionsbegriff eine Entdeckungs- oder Forschungsreise, militärisch sogar eine strategische Operation in einem entlegenen Gebiet. Das trifft es ja schon recht gut. Kann man unsere Reisetruppe aus dem wohlstandsdegenerierten Deutschland, die sich auf das Abenteuer, ein dünn besiedeltes, in weiten Teilen doch unbekanntes Land zu besuchen, eingelassen hat, doch in einer quasi paramilitärischen Erkundungssituation verorten. Auch wenn dieser Aufklärungszusammenhang eher wegen der persönlichen Wissensvermittlung und für eigene Statuserhöhung stattfindet.

Neben der Organisation von Ausflügen und dem einen oder anderen mehr oder weniger unterhaltsamen Vortrag über Land, Leute und Tierwelten hatten die Expediteure aber noch besondere Aufklärungsstücke im Gepäck. Einer davon und der absolute Höhepunkt war die Show während bzw. nach der Überquerung des nördlichen Polarkreises bei 66° 33′ 55″ nördlicher Breite, dort wo an den Tagen der Sonnenwende die Sonne nicht mehr auf- bzw. untergeht. Dem Expeditionsteam, allen voran Trygve, der übrigens auch schon einmal im Schwarzwald Animateur in einem aus dem öffentlich rechtlichen Werbefernsehen bekannten Hotel war, sowie seine Elevinnen Ingri und Nora gelang es unter der Versprechung einer einmaligen Show und einem kostenlosen Snack frischer Meeresfrüchte, nahezu die gesamte Schiffsbelegschaft zu versammeln. Ingri nahm ihr Mikro, dass an eine ziemlich schwache Schallwellenübertragungsanlage, woanders Lautsprecher genannt, angebunden war und erzählte uns zumeist deutschen Passagieren in gebrochenem Englisch etwas über die Sonnenwend-Vorgänge am Firmament und über die Geschichte der traditionsbeladenen Polarkreisüberquerung zahlreicher abenteuerhungriger aber einsamer Seeleute. Kurz bevor irgendwelche Fragen in der interessierten Zuhörerschaft entstehen und an die hübsche Ingri gerichtet werden konnten tauchte am Deck 10 eine vorgeschichtlich bekleidete, durchgängig gesichtsbehaarte und mit einem gewaltigen Dreizack bewaffnete männliche Gestalt auf. Zu Deck 10 haben nur Besatzungsmitglieder Zutritt. Und dort am Top der Trollfjord steht geschrieben und gut sichtbar zu lesen: „Hurtigruten … die schönste Seereise der Welt".

Das muss Gottgegeben sein. Denn der Schauspieler, wohl den heidnischen Gott Neptun darstellend, der mit theatralischem Gebrüll auftritt und in gebrochener deutscher Sprache das Wort der Wikingergötter an die erstaunten Reisenden richtet fordert unsere heilige Aufmerksamkeit. Theater auf hoher See. Staunen. Offene Münder. Tusch. Applaus. Sodann stieg der Neptun-Darsteller, der in Wahrheit natürlich unser Expeditionsleiter Trygve war, jederzeit an seiner profilstarken Nase erkennbar, die stählernen Stiegen vom Deck zehn hinab und schritt zu seinem grausamen Ritual. Mindestens zwanzig übermütige Touristen, darunter der Erdinger-Weißbier-Freund und Oberfeldwebel im Ruhestand, der uns allen noch einmal zeigen wollte, was ein guter alter deutscher Soldat noch alles aushält, ließen sich vom Neptun, assistiert vom Kapitän des Schiffs, jeweils eine ordentliche Kelle Eis in den

Hemd- bzw. Blusenkragen schütten. Obwohl ich auch noch gedient habe: Brrr. Gruselig. Ich konnte schon die Ice-Bucket-Challenge nicht leiden. Aber die fand wenigstens im Hochsommer statt und nicht bei vier Grad Celsius unter ziemlich bedecktem Himmel. Der Lohn der Freiwilligen zahlte sich dann auch für die mehrheitlich anwesenden, geduldigen Feiglinge wie mich aus. Sehr, sehr frische und noch mehr atlantische Miesmuscheln, schön im italienischen Tomatensud angerichtet im Duett mit einem gut gekühlten Gläschen Chardonnay waren eine gute Entschädigung für das Touristen-Theater.

Solche Veranstaltungen waren rar, aber dennoch eher Animation denn Expedition. Still verfluchte ich Friedrich Engel und Wolfgang Arthur Mankel, die Anfang der siebziger Jahre des vergangenen Jahrhunderts den Robinson-Club und in guter Absicht den Animateur erfunden hatten.

Neben den Animationen und den wunderbaren, naturnahen Aussichten, welche man natürlich auch gut beschützt in der Wintergarten- Atmosphäre des geschlossenen Vorschiffs auf Deck neun und auf Deck acht in komfortablen Clubsesseln mit einem Kaffee oder einem Gläschen Blaubeersirupwasser mit Blick nach vorn genießen konnte, war auch die Benutzung der 38 Grad warmen Jacuzzis und der beiden nach Geschlechtern getrennten Saunen ein großes Vergnügen. Besonders angenehm war, dass wir, wahrscheinlich aber auch nur während dieser Jahreszeit, diese Einrichtungen quasi exklusiv nutzen konnten.

Unvorstellbare Situation in den Thermalbädern unserer Heimatgemeinden.

Ganz weit oben

Alle wollen es sehen und plötzlich ist es still

Nun, schon ziemlich zum Ende unserer sehr zivilisierten Reise, nähern wir uns dem Städtchen Honningsvåg. Viele der typischen bunten Häuser aus Holz, die wir gleichen Baustils schon während der gesamten Reise an den Klippen, Buchten und Stränden sehen konnten sind hier wie in allen wichtigen Hafenorten Norwegens als bunter Siedlungshaufen in die recht abfallende Bucht gepflanzt. Auch die typischen Fischerboote fehlen hier nicht. Und Netze, Kräne, Hubwagen und andere Hilfsmittel, nach der die Seefahrt verlangt. Wir werden zum Bus geleitet. Nicht ein Bus. Sondern sieben. À 56 Personen. Alles in allem werden also nun sieben Busse älterer, aber Gott sei Dank zuverlässiger deutscher Bauart, mit circa 400 Personen die etwa dreißig Kilometer lange Strecke durch die Einsamkeit der nördlichen Finnmark bis zum Sehnsuchtsort Nordkap bewältigen. Bevor wir den Ort verlassen verrät uns die Fremdenführerin thailändischer Abstammung, die nun schon einige Zeit und der Liebe wegen in diesem nicht so schmucken Ort lebt, dass Honningsvåg die nördlichste Stadt der Welt sei, eine Kirche besitzt, einen Kindergarten, eine Schule und sogar ein Altersheim. Die Luft ist klar und extrem sauerstoffreich. Und ich überlege, ob Honningsvåg ein Ort zum Sterben für mich sei. Bevor ich den Gedanken zu Ende denken kann werde ich von meiner sympathischen Interims-Reiseleitung darauf hingewiesen, dass wir Glück haben um diese Jahreszeit mit dem Wetter und dem Umstand, dass nun doch noch nicht so viele Touristen die Ruhe der Natur hier oben stören. Wir genießen die Landschaft, die nicht aufhören will. Berge, Maischnee, Gletscherseen. Ein einsamer Langläufer ist am Horizont zu sehen und ein Haus mit Rentierfang. Ohne Tiere. Wir erreichen den Parkplatz am Kap. Ein Wohnmobil aus Marburg. Einige wenige Personenkraftwagen mit norwegischen Kennzeichen, die wohl den Bediensteten der Museums-Café-Anlagen zuzuschreiben sind. Und nun sieben Busse. Die Busse fallen nahezu gleichzeitig um und die 400 Passagiere ergießen sich aus den geöffneten Türen einer Strömung gleich in Richtung Eingang Café Sehnsucht. Von dort geht es weiter zum Kap. Unschwer also zu erraten, was das Ziel sein wird. Die Weltenkugel aus schwarzem Eisen am Ende des Kontinents. Wir bleiben zurück und genießen antizyklisch die Ruhe der verlassenen Museumsanlagen und den frischen Kaffee und die leckeren Waffeln im Café, während 396 Bustouristen der Hurtigruten das einmalige Denkmal am nördlichsten Aussichtspunkt Europas stürmen und - in Erinnerung an Francesco Neri, Pfarrer, Wissenschaftler und Nordkappionier im Jahr 1664 - in den Chor einstimmen: „Hier sind wir nun am Nordkap, am äußersten Ende der Finnmark, und können genauso gut sagen am äußersten Ende der Welt, da es weiter nördlich keinen von Menschen bewohnten Ort geben soll. Unser Wissensdurst und unsere Neugierde sind jetzt gestillt und wir werden nun einen Kaffee trinken und Souvenirs kaufen, eine Postkarte an unsere Lieben und an unsere Freunde schreiben, die ankommt, wenn wir längst wieder daheim sind. Und dann werden wir auf das große Schiff Trollfjord zurückkehren, zu Abend essen und schlafen gehen". Nachdem der Spruch gesprochen und tausende Fotos geknipst sind kehrt Ruhe ein am Kap.

Unsere Geduld wird belohnt mit Stille, Weitsicht und einem vorbeiziehenden Fischerboot. Wir genießen die Aussicht an einem Traumtag und machen auch ein paar Fotos vom Denkmal und vom endlosen Horizont. Auf der Rückfahrt sehen wir eine Rentierherde weiden, im Schnee nach Flechten suchen. Ein friedliches Bild. Ich denke an die Rinder und Schweine in unseren Ställen ...

Das Ende der Reise

Die letzte Episode ist ja immer ein wenig sentimental. Oder doch nicht? Wir landen in Kirkenes. Norwegen ganz oben rechts. Nördlich von Schweden. Direkt neben Russland. Wir landen unmittelbar neben einem sehr modernen Aufklärungs-Kriegsschiff der norwegischen Armee. Unser Hotel, in das wir wieder einmal mit einem Kleinbus der Marke Mercedes verfrachtet werden, gehört zur Gruppe eines der reichsten Norweger. Thon. Am Abend werden Königskrabbenbeine, Hummer und schön geschmorte Rentierhaxen oder luftgetrockneter Schinken von gleichen Tier gereicht werden. Passende Gemüse als Beilage. Aber auch vegane Gerichte. Und Wein aus guten Lagen Frankreichs, Italiens und Österreichs. Norwegisches Bier. Und: Erdinger Weiße.

Wir lernen diesen Ort in der Finnmark, früher Lappland, heute ein verbotenes Wort, kennen. Heute Samiland. Land der Samen. Eine Deutsche Emigrantin, die sich inzwischen den Samen angeschlossen klärt uns während des Rundgangs auf. Nähe zur Natur ist wichtig. Freundschaft und Dankbarkeit zu Russland. Ein anderes schlüpfriges Loch im europäischen Zaun. 15.000 Flüchtlinge überquerten aufgrund einer Gesetzeslücke 2015 mit Fahrrädern die Grenze von Russland nach Norwegen nach Europa. Eine große Eisenerzmine. Fünfzehn Kilometer lang, zwei Kilometer breit. Verkauft an eine australische Minengesellschaft. Die Natur ist bedroht. Das nördlichste Einkaufszentrum. Unsere Frauen sind nach sechs Tagen See so froh, dies zu wissen. Ausgehungert, so dass das Kirkenes Einkaufszentrum zum Quell der Freude wird. Es werden getrocknete Früchte, Blau-, Erd- und Himbeeren gekauft. Getrocknete Stockfische in Vakuumhaut, getrocknetes Rentierfleisch und vor allem Chaka-Pilz oder entsprechendes Extrakt. In Deutschland nicht erhältlich. Chaka, ein Schmarotzer, der auf den Birken-Bäumen Skandinaviens wächst und allen möglichen gesundheitlichen Zauber ausüben soll ist der Star des Tages. Unserer Führerin pflückte ihn auf unserem Rundgang durch die Retortenstadt von einer Birke in einem Reihenhausvorgarten. Unsere dreißig-Tage Vorratspackung, die wir anschließend im Bioladen des Einkaufszentrums der Stadt besorgt haben ist längst verbraucht, hat bis jetzt weder Haupt- noch Nebenwirkungen hinterlassen und die Nachbestellung ist für weitergehende Testreihen trotz globalem Netz und globaler Sprache noch nicht gelungen. Marktlücke?

Von hier aus werden wir zurückfliegen nach Deutschland? Nach Berlin? In die Hauptstadt des europäischen Deutschland? Wir hätten auch nach Paris fliegen können. Oder nach Dubai. Auf dem Weg zum Airport befahren wir neue Straßen. In Sichtweite Russland. Wir sehen Industriegebiete mit zahlreichen modernen

Neuansiedlungen. Einhundert Prozent Digitales Einchecken am Abflug. Am Ende der Welt: Am Ende der Reise.

Eine seltsame Stadt. Am Ende der Welt. Aber irgendwie ziemlich anders und ziemlich faszinierend. Nur die Mitternachtssonne stört. Eigentlich.

Traumschiff

Der Traum meines Lebens war ein andauernder Albtraum.[7] – zumindest nachts

Hätte ich meine eigenen Zeilen als außen Stehender bis hierher gelesen, hätte ich sicher den Eindruck diese Reise sei eine einzigartige, durchaus gelungene Mischung aus Entspannung, Informationsgewinn, Naturerlebnis und guter Unterhaltung. So oder so, ganz ohne irgendwelche Störgeräusche, ein wenig wie eine der aus der Zeit gefallenen zahlreichen Episoden auf dem öffentliche rechtlichen Traumschiff, welches uns nun schon seit vielen Jahren als PR-Vehikel der Kreuzfahrtschifffahrt im orangefarbenen Fernsehen begleitet und uns jene so richtig schmackhaft macht. Kraft durch Reisen. In dieser Reihe werden die zumeist heiteren Verwicklungen der Passagiere eines Kreuzfahrtschiffs, das in jedem Film zu einem anderen Urlaubziel unterwegs ist, erzählt. Der Kapitän, der Chefsteward, die Chefhostess und der Schiffsarzt tun ihr Möglichstes, um für alle Beteiligten ein Happy End herbeizuführen.

Im Verlauf einer jeden Traumschiff-Folge konzentriert sich das Geschehen üblicherweise auf drei voneinander

---

[7] Voltaire

unabhängige Handlungsstränge. Meist sind dies zwei Geschichten, die sich um die Passagiere des Schiffes drehen sowie eine Geschichte, in die die Besatzungsmitglieder verwickelt sind. Nach Aussage des Erfinders der Reihe, des verstorbenen Produzenten Wolfgang Rademann, sind die drei Geschichten eine lustige, eine spannende und eine Liebesgeschichte. Im Lauf der jeweiligen Episode spielen etwa 40 % der fiktiven Ereignisse an Land und 60 % an Bord. Dass sich 40% der Ereignisse einer Hurtigrutenreise an Land abspielen ist bereits wegen der fehlenden Zeit auf dem festen Boden ziemlich unwahrscheinlich. Die theoretisch vorhandene Aufenthaltszeit an Land betrug während der gesamten Reise ja mal max. 2% der gesamten Reisedauer. Bei Stopps von meistens nur fünfzehn Minuten, und das auch noch sehr oft bei Nacht, sind die Anbahnung von Liebesgeschichten, einträglichen oder betrügerischen Geschäften oder gar humanistische Großtaten allein aus Zeitgründen nicht möglich. Bei den längeren Stopps geben die zeitlich und thematisch eng getakteten Stadtführungen ebenfalls keinen Raum zur Entwicklung irgendwelcher nennenswerten Geschichten abseits der Standardregie einer Pauschalreise. Respekt einflößende Naturerlebnisse abseits der großen Weite des Meeres und der unglaublichen Ausblicke blieben wegen der großen Weitsicht des Kapitäns, jeden möglichen Wellengang zu umfahren und wegen seiner Ehrfurcht vor den Unbilden des Meeres und der umgebenden Bergwelt ebenfalls aus. Wegen bestehender nächtlicher Lawinengefahr fuhr das Schiff auch nicht in den sagenumwobenen Trollfjord ein. Zu gerne hätte ich doch gewusst wie das Schiff mit gleichem Namen sich im Trollfjord verhalten hätte. Und ob es dort wirklich Trolle gibt.

Also bleibt zu beobachten und zu berichten was an Bord geschah. Sicherlich gab es auch auf unserem Schiff auf dieser Reise zahlreiche Verwicklungen. Eine Liebesgeschichte aber war zum Beispiel offensichtlich nicht dabei, sehen wir einmal davon ab, dass niemand wirklich daran interessiert schien, welche Geheimnisse und Geschehnisse unter der Besatzung, immerhin 170 Männer und Frauen, abliefen und dass meine Lebensgefährtin und ich, so wie viele andere Paare, uns immer noch lieb haben. Spannung an Bord oder an Land im Sinne des sonntäglichen Tatorts, war nicht gegeben, da weder Kriminelle an Bord waren, noch irgendwelche Naturkatastrophen über uns herein brachen und die angelaufenen Häfen in einem überaus zivilisierten Land sicher genug schienen. Krankheiten, abseits der unvermeidlichen Krankheit, dass der Mensch altert und dies auf einer Kreuzfahrt dieser Prägung besonders deutlich wird und damit verbundene Heldentaten ritterlicher Lebensretter waren auch nicht zu vermelden. Lustige Geschichten gab es bestimmt zuhauf. Die wurden aber sicher nur in kleinstem Kreise und äußerst diskret behandelt.

Insofern zwar alles zwar ziemlich langweilig aber damit auch schön erholsam. So wie ältere Menschen mit hohem Sicherheits- und Ruhebedürfnis das wünschen. In diesem Sinne alles Traumschiff also. Außer für uns Pechvögel. Denn wir können die erwähnenswerte kleine Geschichte von der Schlaflosigkeit auf der Nordsee als klitzekleine Nebenepisode beitragen. Quasi als antagonistische Antwort auf den Eindruck hier auf dem absoluten „Heile- Welt Traumschiff" zu sein ist die Tatsache, dass irgendwelche Träume an Bord dieses Schiffes zumindest für uns ab Nacht Nummer zwei unmöglich waren. Denn wir zwei Ahnungslosen hatten statt der im Reisprospekt ausgelobten Innenkabine auf relativ hoch gelegenen und ruhigen Deck sieben eine Außenkabine gegen einen ordentlichen Aufpreis auf das Angebot unseres unabhängigen Reisebüros gebucht. Die Kabinennummer sollte uns aber, quasi als Überraschungspaket, erst bei Betreten des Schiffs genannt werden. Als Neukreuzfahrer nahmen wir diese Aussage unserer zukünftigen Reiseleiterin Helen am Infoabend beim sauren Wein und salzigen Gebäck noch mit Augenzwinkern und als von Gott gegeben hin. Auch das Einchecken im Bergener Hafenterminal der Hurtigruten Gesellschaft, der Sicherheitscheck und die Notfallunterweisung verliefen ähnlich routinemäßig und professionell wie beim Flughafenprogramm ab. Wir schöpften also niemals vor Betreten des Schiffs irgendeinen Verdacht. Wir zogen dann das Los mit der Nummer 461 und in die mittschiffs liegende Kajüte ein. Auf den ersten Blick erschien uns die Kabine für eine Seereise überraschend und ausreichend groß, ziemlich praktisch eingerichtet und sie verfügte sogar über ein vollständiges Sanitärabteil mit Fußbodenheizung, über einen Safe für die Wertsachen sowie über das versprochene

Bullauge. Die Betten, die den bei einer Breite von nur siebzig Zentimetern und einer Länge von ein meterneunzig, durchgelegen Matratzen und einem in Fahrtrichtung nach Backbord abfallenden Untergestell den Namen Kojen eher verdienten, waren zwar nicht ganz unseren Wünschen entsprechend, aber wir von Natur aus unruhige Schläfer akzeptierten dies als Opfer an das kommende grandiose Erlebnis. Soweit wir das aus den Reiseberichten unserer Bekannten und Freunde, die schon einmal mit der Aida geschippert waren, beurteilen konnten, war diese Zimmer Ausstattung noch nicht einmal Pauschaltourismus - Standard. So verlief die erste Nacht im fremdem Bett, die ja für viele Zeitgenossen auch schon an Land oft eine Herausforderung darstellt, die Etappe von Bergen nach Ålesund, die ohne einen nächtlichen Zwischenstopp absolviert wurde, zwar nicht so wie in Abrahams Schoß, aber immerhin bei ruhiger See einigermaßen erträglich, wenn auch vollkommen traumlos. Am Morgen danach sahen wir das erste Mal durch unser an Backbord gelegenes Bullauge auf die Norwegische Küstensee und freuten uns auf das Frühstück. Der Tag verlief wie erwartet und wir wähnten uns auf einer Traumreise. Auch die zweite Nacht war mit einer siebenstündigen Überfahrt nach Trondheim, das wir morgens um sechs des zweiten Tages auf See erreichten noch eher entspannt und von Eingewöhnung an das Schiff und die neuen Umstände geprägt. Die dritte Nacht hielt dann aber ziemlich unliebsame Überraschungen für uns parat, die sich Nacht für Nacht bis zum Ende der Reise wiederholen sollten. Gerade hatten wir uns nach einem ausgiebigen Abendessen und netten Gesprächen mit unserer Reise-Mannschaft in unser Gemach zurückgezogen und uns zum erholsamen Schlaf gebettet, da legte unser Tourismus-Frachter auch schon nach ein paar gefühlten Minuten im nächsten Hafen, Brønnøsund an. Schon beim Auflaufen auf den Kai wurde die unmittelbar neben unserer Kabine liegende mächtige Ladeklappe, die etwa 5 Meter hoch und ebenso breit war unter großem Getöse geöffnet. Nachdem das Schiff am Kai festgemacht worden war krachte eben diese Ladeklappe mit noch größerem Radau auf den Asphalt der Hafenanlage. Kurz danach öffnete sich die etwas kleinere Fußgängerbrücke einige Meter weiter mit ähnlichem Lärm. Sodann begann das emsige Verladen der zahlreichen Stückgüter. An diesem erstem Hafen scheinen es Duschabtrennungen, Zement und einige Paletten Lebensmittel gewesen zu sein. Nach den Stückgütern wurden noch einige Personenkraftwagen unter mehr oder weniger großem Poltern in den Schiffsbauch befördert. Natürlich mussten diese Fahrzeuge und auch das Stückgut am nächsten oder übernächsten Hafen wieder entladen werden. So wiederholte sich diese für unsere peinvolle Tortur in den Nächten auf der Trollfjord jeweils drei- bis viermal. Konkret klappten die Ladungsklappen in immer gleichem Radau in den folgenden in den verbleibenden Häfen Nacht für Nacht auf den schwarzen Asphalt der Kaianlagen: Sandnessjøen, Nesna, Stokmarknes, Sortland, Risøyhamn, Harstad, Øksfjord, Hammerfest, Berlevag,

Bätsfjord, Vardø, Vadsø. An geruhsamen und gesunden Schlaf war also nicht wirklich zu denken. Keinerlei Einsicht der Reiseleitung oder der Schiffsrezeption uns eine andere Kabine zuzuweisen als diese, die unmittelbar neben der Stückgutrampe am gleichen Deck und gleich zeitig in unmittelbarer Nähe Maschinenräume gelegen war. Keine andere Kabine hatte eine derartig unglückliche Position auf dem Schiff und auch nicht solche ein kleines Bullauge. Hinzu kam die im darüber liegenden Deck liegende Großküche in der am morgen, am Mittag und am Abend die Mahlzeiten für die achthundert Gäste zubereitet wurden und wir davon über eine nicht ganz einwandfrei funktionierende Belüftung schon vor dem Abendessen darüber in Kenntnis gesetzt wurden, was es alles so zu essen geben würden. Es war immer Fisch dabei.

Ich mag Fisch wirklich sehr, aber wenn mir wegen fehlender Nachtruhe auch noch am frühen Morgen, gegen Mittag und am Spätnachmittag das Schlafen zusätzlich wegen irrsinniger Geruchsbelästigung vergällt wird, beziehungsweise gar nicht möglich ist, dann wird der Urlaub in einer teuer bezahlten Abenteurerkabine doch ein wenig zur Tortur. Vor allem, wenn man weiss, dass kaum jemand sonst auf dem Expeditionsschiff solchen Geräuschen in Kombinationen mit diesen Gerüchen ausgesetzt ist. Und das Ganze auch noch ohne Frühbucherrabatt.

Der im siebten Stock im Vorderschiff residierenden Reiseleitung des Reisebüros Courier Reisen aus dem barocken Bayreuth haben unsere Zustände aber nichts ausgemacht und die lustige, rothaarige Helen hat uns auf daheim vertröstet. So haben wir den bedauernswerten Zustand mit Langmut ertragen und erst im Flugzeug nach Hause erst wieder richtig geschlafen. Ja richtig: wir hätten auch schon, nachdem wir die Trollfjord verlassen hatten während unserer Übernachtung in Kirkenes, dieser interessanten Ansiedlung in der Nähe der russischen Grenze, wo hervorragende gekochte Königskrabben- und geschmorte Rentierbeine angeboten wurden, unseren Schlafmangel in guten Betten nachholen können. Aber die inzwischen tätige Mitternachtssonne in Kombination mit nicht dicht schließenden Jalousien machte auch diese Nacht zum Tag. Außerdem besitzt diese nördlichste Metropole Norwegens ein richtiges Einkaufszentrum und eine Fußgängerzone mit interessanten Designergeschäften, so dass der erste erholsame Schlaf ausgerechnet erst in den unbequemen Sitzschalen der roten Boeing 737 auf unserem Rückflug von Kirkenes nach Berlin gelang.

Unser Reisebüro hat sich immer noch nicht genau entschieden wie es uns für die seltsame Unterbringung auf dem an sich luxuriösen Schiff ein wenig entschädigen könnte. Für unsere nächste Kreuzfahrt-Reise haben wir uns deshalb vorgenommen vor allem den Kabinenplan des Schiffs sehr gründlich zu studieren, bevor wir bezahlen.

Mannschaft

Haben und nichts geben, ist in manchen Fällen schlechter als stehlen.[8]

Jedem aufmerksamen Leser kann natürlich nicht entgangen sein, dass meine Liebe und ich hier nicht auf einem Abenteuertrip durch Norwegen unterwegs und auf uns selbst gestellt waren. Im Gegenteil: es handelte sich, ganz im Gegensatz zu unserer Grundeinstellung, doch um eine simple, wenn auch ziemlich kostspielige Pauschalreise. Das ist natürlich und insbesondere für meine ziemlich individuell veranlagte Lebensgefährtin eigentlich ein schwerer Schlag ins bisherige Life-Style-Kontor. Aber es ist so. Also waren wir nicht allein unterwegs sondern in einer Gruppe der Leser der unabhängigen, überparteilichen Tageszeitung der Region. Mit, wie schon zu lesen war, dreizehn auf den ersten Blick ziemlich gesitteten Menschen insgesamt. Wenn wir die wahrscheinlich echt rothaarige, ziemlich übergewichtige aber immer gut gelaunte Reiseleiterin mitzählen wollen. Ich habe mich über die gesamte Dauer der Reise gefragt: wie kann man Vegetarier sein und so fleischig? Obwohl ich angekündigt habe, niemanden durch den Kakao zu ziehen, was mir hier schon nicht gelungen ist, hat mir eine ältere Dame der Gruppe

---

[8] **Marie Freifrau von Ebner-Eschenbach**

strikt untersagt einen Bericht - und vor allem irgend einen namentlichen Bezug zur Reise-Gruppe - aufzubauen. Die Dame - ich nenne sie hier jetzt einmal, weil es eigentlich zu schön zu ihr passt, Elvira - war ja eigentlich ganz nett und angesichts ihres Alters von siebenundsiebzig Lebensjahren auch ziemlich fit, trotz einiger Schicksalsschläge immer noch ziemlich neugierig und bei Leibe lebenslustig. Sie ist Fan von Richard Wagner und hat die Reise zusammen mit ihrer Tochter, die jetzt in Braunschweig wohnt und mit ihrem Zahnarzt eine Praxis führt, sehr genossen. Auch das eine oder andere abendliche, alkoholische Getränk. Die anderen acht Mitreisenden waren allem Anschein nach schon öfter einmal miteinander unterwegs mit dem Team Reisebüro der unabhängigen und überparteilichen Tageszeitung. Hatten alle vorgebucht. Man kannte sich. Mit der für der nach dem Kriege lange Zeit notleidenden und über Jahrzehnte mit Subventionen verwöhnten Grenzlandbewohner aus der Region Oberfranken, der Oberpfalz und Niederbayern erstrebenswerten und selbstredend unter Freunden und Stammgästen gewohnten Subvention, hier Vorbucherrabatt war es ihnen wiederum erlaubt, z.B. das Bierpaket der Hurtigruten-Reederei, ein Bier pro Tag und Person, zu nutzen und alltäglich an Bord das heimische, das bayerische Weißbier zu genießen. So wie das der Oberfeldwebel i.R. und seine derbleckende Gattin jeden Abend zelebrierten. Die drei weiteren (Ehe-)Paare aus dem an unseren Austragungsbezirk der Unabhängigen angrenzenden oberpfälzischen Regierungsbezirk genossen bis auf weiteres, bis zum Erlöschen des Frühbucher-Gutscheins den zu unglaublichen Mond-Preisen angebotenen mittelmäßigen Wein aus unbekannten Lagen. Dass die Reise überhaupt nur zustande kam, weil zwei urlaubsreife Mitbürger den vollen Preis bereit waren zu zahlen, wurde abendlich von den Nassauern lediglich ins Lächerliche überführt. Man fragt sich bei solcher Gelegenheit an dieser Stelle doch und ohne ein schlechtes Gewissen zu bekommen, warum in Landstrichen, in denen die CSU regiert, die in den frühen Jahren der Republik durchaus auch von Geschenken aus dem bundesrepublikanischen Ausland, speziell aus Nordrhein-Westfalen und dem Saarland in Form von subventionierter Kohle und dem entsprechend warmen Hintern in eiskalten Wintern profitiert haben, die Fremdenfeindlichkeit oder der Geiz oder der Neid besonders ausgeprägt sind. Oder wie ist zu erklären, dass sich die Reisegesellen über uns als Spätbucher tagtäglich lustig machten, ihren Vorteil genossen aber noch nicht mal ein Eis oder einen Tee ausgaben? Wahrscheinlich nur damit, dass die Bergvölker doch nur Bergvölker sind und bleiben. Und keine übergreifend sozialisierten Gestalten, so wie sich unsere Flüchtlingskanzlerin das vorstellt. Aber lassen wir das! Das Leben ist eben kein Fußballspiel. Geschenke gibt's nur für Griechenland, Italien und gegen Mexiko. Und eigentlich waren alle ganz nett und wir haben uns gut verstanden.

Über die Mannschaft an Bord, also die Besatzung, können wir sowieso nicht klagen.

Der Autor, dieses Buch.

Autorität kommt von Autorenschaft ;-)[9]

Ulf Bogy *1958, hat seit 2013 bereits verschiedene Kurzgeschichten und satirische Essays veröffentlicht. Bogy beschäftigt sich mit der Natur. Mit der Natur als solcher. Mit der Natur des Menschen. Mit der Natur des Spiels. Mit der Natur der Dinge. Er ist ein Beobachter, ein Voyeur.

Seine Beobachtungen sind zuweilen schonungslos, manchmal ahnungslos. Er beschreibt die Dinge spontan wie sie sind oder wie er sie sieht. Mit seinem Faible für schwarzen Humor endet dies manches Mal in zweifelsfrei ironischen Beschreibungen. Manchmal lustig. Manchmal distanziert. Meistens nicht frei von einer hintergründigen Meinung. Aber einfach zu lesen und unterhaltsam.

Dieses Buch entstand nach einer Reise, die versprochen hat was sie hielt. Nach einem Urlaub, den man nicht vergessen wird.

[9] Smarter Professor aus Nürnberg, n.n.

Hinweis

Alle Beobachtungen und Anekdoten sind ziemlich frei erfunden, obwohl sie auch auf Tatsachen beruhen könnten. Dennoch muss darauf hingewiesen sein, dass Übereinstimmungen mit tatsächlichen Ereignissen, lebenden oder bereits verstorbenen Personen nicht beabsichtigt und rein zufällig sind.

Allen kreativen Ideengebern sei gedankt.

Ich danke allen möglichen Rechteinhabern für ihre vorausseilende Erlaubnis zum Abdruck. Obgleich ich dafür Sorge getragen habe, keine Textpassagen von anderen Autoren wörtlich zu übernehmen, kann dies zufällig passiert sein und können verschiedene Rechteinhaber nicht ermittelt worden sein. Ich bitte diese, falls notwendig, sich an den Verlag zu wenden. Aber nur, falls wirklich nötig. Fotografien wurden allesamt vom Autor selbst erstellt.

© Echtwerk-Verlag, Bayreuth

www.echtwerk.de

Alle Rechte vorbehalten

Fotos: Hubert Koths

1. Auflage, Juli 2018

Herstellung und Verlag:

BoD-Books on Demand, Norderstedt

ISBN 9-783-752820096